Vorwort

Haiku ist eine traditionelle japanische Gedichtform, die mittlerweile weltweit verbreitet ist und als die kürzeste gilt. Japanische Haikus bestehen meist aus drei Wortgruppen von 5 - 7 - 5 Lauteinheiten. Sie sind konkret und haben oft einen Bezug auf die Natur in der gegenwärtigen Jahreszeit. Im Deutschen werden Haikus überwiegend dreizeilig geschrieben, früher mit 5-7-5 Silben, heutzutage auch abgewandelt, da die japanischen Lauteinheiten nicht mit den deutschen Silben vergleichbar sind. Bei neueren Haikus weicht man von den traditionellen Formen ab und geht bei der Gestaltung oft neue Wege.

In diesem Buch findet man zu jedem Monat des Jahres fünf Haikus, die zum Teil in den Jahren 2012 bis 2016 im Solinger Tageblatt veröffentlicht wurden.

Die dazugehörigen Aquarellbilder wurden von Frau Margarete Grineisen (gest. 16. Mai 2012), der Mutter der Autorin, gemalt.

Januar: Erwachen

Nebelschwaden grau
Legen sich auf Winterwald
Vögel schweigen noch

....

Frostige Kälte
Flüstert im einsamen Schwarz
Freue mich auf dich

....

Dichtes Wolkenfeld
Am grauen Winterhimmel
Schneeregenschauer

....

Regenwolken grau
Ziehen langsam ihre Bahn
Schneeglöckchen am Weg

....

Schneeglöckchenblüten
Schaukeln sanft im Morgenwind
Bemooster Baumstamm

Februar: Aufbruch

Blattlose Eiche
Vor grauem Winterhimmel
Nasses Laub im Gras

....

Regentropfen sanft
Klopfen auf schmelzenden Schnee
Tulpen schlafen noch

....

Kalte Kristalle
Glitzernd weiß im Sonnenlicht
Still ihr sanfter Fall

....

Pulverschnee auf Baum
Wind lässt rau Kälte klirren
Da ein Sonnenstrahl

....

Kalte Glasspitzen
Zeigen tropfend nach unten
Morgen geschmolzen

März: Ahnung

Krokusse blühen
Sonnenstrahlen erwärmen
Graue Schneewolken

....

Gelbe Narzissen
Leuchten auf grüner Wiese
Amsel schaut sich um

....

Krokusblüte zart
Senkt sich fast verwelkt herab
Zugvögel rufen

....

Forsythienstrauch
Strahlt hinter grüner Hecke
Frühlingshimmel blau

....

Wasser plätschert sacht
Über grauen Stein hinweg
Moosfleck am Ufer

April: Hoffnung

Knospen am Kirschbaum
Räkeln sich im Sonnenlicht
Braunes Blatt am Stamm

....

Grashalm jung und grün
Streckt sich hoch im Morgentau
Rote Tulpe blüht

....

Magnolienbaum
Zeigt seine weißen Blüten
Hummel schwebt davon

....

Weiße Kirschblüten
Als zarte Wolken am Baum
Feldhase im Gras

....

Brauner Feldhase
Hüpft schnell über den Waldweg
Strauch wiegt sich im Wind

Mai: Gesundung

Gänseblümchen tanzt
Zum Frühlingslied der Vögel
Käfer auf Grashalm

....

Weißer Fliederbaum
Schwingt seine Äste im Wind
Tau auf grünem Gras

....

Weißer Fliederstrauch
Wiegt sich sanft im Frühlingswind
Graue Wolke naht

....

Rosenknospe jung
wartet auf Frühlingssonne
Ameise am Stiel

....

Blütenknospen zart
Erwachen im Sonnenlicht
Regenwolke kommt

Juni: Erblühen

Sonnenschein erwärmt
Rote Erdbeeren im Feld
Elster fliegt davon

....

Goldregenbaum blüht
In warmer Frühlingssonne
Ginster im Schatten

....

Blauer Rittersporn
Wiegt seine Blüten im Wind
Regenwolken grau

....

Blaue Kornblume
Still versteckt am Mauerwerk
Biene schwebt herbei

....

Regentropfen klein
Ruhen auf Rosenblättern
Ast im feuchten Gras

Juli: Horizont

Weiches Wasser fließt
Erfrischt den warmen Sandstrand
Die Steine bleiben

. . . .

Rote Mohnblüten
Zerbrechlich schwebend am Feld
Sommersonne wärmt

. . . .

Kleine Meeresbucht
Wellenspiel im Sonnenlicht
Seemöwe am Strand

. . . .

Rote Rosenpracht
Vor grüner Gartenhecke
Katze sitzt am Tor

. . . .

Sonnenblume strahlt
Im leuchtenden Abendrot
Ein Licht im Fenster

August: Reife

Sonnenhutblüten
Lassen den Herbst erahnen
Leichter Regen fällt

....

Zwei Vögel gleiten
im grauen Sommerhimmel
Rosen fast verblüht

....

Rote Dahlien
Schaukeln im Sommerregen
Himmel grau bedeckt

....

Altweibersommer
Silbergarn auf grünem Gras
Flusslauf im Nebel

....

Zwei Vögel gleiten
im blauen Sommerhimmel
Wiesenblumen bunt

September: Erfüllung

Spätsommerabend
Kühle Luftströmung erfrischt
Spinne webt ihr Netz

....

Nebeldecke grau
Schwebt über Sommerwiese
Dahlie blüht rot

....

Zwei Raben gleiten
Über grauen Morgendunst
Lavendel verblüht

....

Roter Asternbusch
Leuchtet vor grüner Hecke
Fahles Wolkenband

....

Herbstsonne erhellt
Bunte Laubbäume am Berg
Eichhörnchen läuft weg

Oktober: Ernte

Sonnenstrahlen warm
Lassen Herbstastern leuchten
Graue Wolkenwand

....

Moosbedeckter Stein
Liegt schweigend am Flusswasser
Herbstblatt schwebt herab

....

Zarte Spinnweben
Zwischen Dahlienblättern
Morgentau im Herbst

....

Gelbe Blätterpracht
Leuchtet im Sonnenaufgang
Baumstamm moosbedeckt

....

Herbstastern versteckt
Im hohen Mauerschatten
Mittagssonne wärmt

November: Sehnsucht

Nebelnetze grau
Decken Wälder lautlos zu
Pfütze auf dem Weg

....

Feuchtes Laub im Gras
Weißer Steinpilz lugt heraus
Kurzer Sonnenstrahl

....

Hellgraue Wolken
Ziehen am Himmel vorbei
Laternen leuchten

....

Nebelfäden fahl
Wabern langsam übers Feld
Baumkrone blattlos

....

Leere Bank am See
Lädt still zum Verweilen ein
Herbstlaub im Wasser

Dezember: Stille

Kühles Wasser leckt
Mit sanften Zungen den Sand
Steine bleiben warm

. . . .

Starker Wintersturm
Fegt entschlossen übers Feld
Schneeregentropfen

. . . .

Grauer Wolkenberg
Füllt den Winterhimmel aus
Dunkle Bergkette

. . . .

Zwei kahle Eichen
Spiegeln sich still im Wasser
Krähe am Ufer

. . . .

Bedeckter Himmel
Über kahlem Winterwald
Rabenkrähe ruft

Notizen

Herstellung und Verlag:
BoD - Books on Demand, Norderstedt
ISBN 978-3-7412-3957-1